Fascination
Schweiz · Switzerland · Suisse · スイスの魅力

Faszinierende Aufnahmen von Ulrich Bangerter
und Aphorismen berühmter Dichter und Denker aus der Schweiz

Fascinating photographs by Ulrich Bangerter
accompanied by aphorisms from famous Swiss writers and thinkers

---

Photographies fascinantes d'Ulrich Bangerter
et aphorismes de poètes et de penseurs célèbres originaires de Suisse

U. Bangerter による魅力的な写真。スイス人の著名な作家や思想家による格言を添えて

Titelbild: Matterhorn, Wallis
Title picture: Matterhorn, Valais
Page de titre: Le Cervin dans le Valais
表題写真：ヴァレー、マッターホルン

Es ist mit der Liebe wie mit den Pflanzen:
Wer Liebe ernten will, muss Liebe säen.

—

As with plants, so with love:
in order to reap love,
you must first sow love.

—

Il en est de même pour l'amour et pour
les plantes: celui qui veut
récolter l'amour, doit semer l'amour.

—

愛も植物と同様、実を結ぶにはまず愛の種を蒔かなければならない。
イェレマイアス・ゴッテルフ

Jeremias Gotthelf

Bougy-Villars, *Vaud*

ヴォー、ブージー・ヴィラール

Unsere Heimat ist der Mensch;
ihm vor allem gehört unsere Treue.

—

Our homeland is mankind;
it is to mankind that we owe our
principal allegiance.

—

Notre patrie est l'homme;
c'est à lui que nous devons avant
tout être fidèles.

—

我々の祖国は人類であり、忠誠を尽くすべきは人類である。
マックス・フリッシュ

Max Frisch

Speicher, *Appenzell Ausserrhoden*

アッペンツェル・アウサーローデン、シュパイヒャー

Weich ist stärker als hart,
Wasser stärker als Fels,
Liebe stärker als Gewalt.

—

Soft is stronger than hard,
water stronger than rock,
love stronger than violence.

—

Le doux est plus fort que le dur,
l'eau est plus forte que le rocher,
l'amour est plus fort que la violence.

—

柔らかさは硬さより強く、水は岩より強い、そして愛は暴力より強し。
ヘルマン・ヘッセ

Hermann Hesse

Säntis   ゼンティス

Es gibt immer wieder ein Morgen.

—

There will always be another day.

—

Il y a toujours un demain.

—

どんな時にも明日がある。
アーノルド・ベクリン

Arnold Böcklin

Ibergeregg

イベルガーエック

Erinnerungen sind ein goldener Rahmen,
der jedes Bild freundlicher macht.

—

Memories are like a golden frame,
giving any picture a happier glow.

—

Les souvenirs sont le cadre d'or
qui rend chaque photo plus agréable.

—

記憶とは、どの絵にもより輝いたイメージを与えることができる黄金の額
のようなもの。
カール・ズックメイヤー

Carl Zuckmayer

St. Pantaleon, *Solothurn*

ソロトゥルン、サンクト・パンタレオン

Heimat sind die Menschen,
die wir verstehen und die uns verstehen.

—

Our true home is with people
we understand and who understand us.

—

Notre patrie, ce sont les hommes
qui nous comprennent
et que nous comprenons.

—

お互いに理解し合える人々がいてこそ本当の安らぎの場といえる。
マックス・フリッシュ

Max Frisch

Luzern/Rigi, *Luzern* ルツェルン、ルツェルン／リギ

Der Geschmack ist die Kunst,
sich auf Kleinigkeiten zu verstehen.

—

Good taste lies in the mastery
of minor matters.

—

Le goût est l'art de s'y entendre
dans les petits détails.

—

細かなことを良く知ること、それが趣味の良さである。
ジャン＝ジャック・ルソー

Jean-Jacques Rousseau

Sihlsee, *Schwyz*

シュヴィーツ、シール湖

Die Zeit verwandelt uns nicht,
sie entfaltet uns nur.

—

Time does not transform us,
it simply allows us to evolve.

—

Le temps ne nous fait pas changer,
il nous fait nous épanouir.

—

時間は我々を変化させるのではなく、我々が進化することを可能にする。
マックス・フリッシュ

Max Frisch

Oberbüschel BE

オーバービュシェル

Ruhe zieht das Leben an,
Unruhe verscheucht es.

—

If calm is life's friend,
agitation is its enemy.

—

La quiétude attire la vie,
l'inquiétude la fait fuir.

—

平穏が人生の友だとすれば、動揺は敵である。
ゴットフリート・ケラー

Gottfried Keller

Soglio

ソーリオ

Die Wahrheit hat ein fröhlich Antlitz.

—

Truth has a friendly face.

—

La vérité a un visage joyeux.

—

真実は友好的な一面を持つ。
ハルドリック・ツウィングリ

Huldrich Zwingli

Bei Trasadingen, *Schaffhausen*　　　　　　　シャフハウゼン、トラサディンゲン近く

Die Freiheit des Menschen liegt nicht darin,
dass er tun kann, was er will,
sondern dass er nicht tun muss, was er nicht will.

———

True freedom lies not in being able
to do what one wants, but in not having to do
what one does not want to do.

———

La liberté de l'homme n'est pas qu'il
puisse faire ce qu'il veut, mais qu'il ne doive
pas faire ce qu'il ne veut pas.

———

本当の自由とはしたいことが何でもできることではなく、したくないこと
を何も持たないことだ。
ジャン＝ジャック・ルソー

Jean-Jacques Rousseau

Wald/Säntis, *Appenzell Ausserrhoden* アッペンツェル・アウサーローデン、ヴァルト／ゼンティス

Und jedem Anfang wohnt ein Zauber inne,
der uns beschützt.

—

Inherent in every new beginning
is a magic charm that protects us.

—

Et à tout commencement est inhérente
une magie particulière qui nous protège.

—

物事の始まりには常に、我々を守る特別な力が秘められている。
ヘルマン・ヘッセ

Hermann Hesse

Wädenswil, *Zürich*

チューリヒ、ヴァーデンスヴィール

Geduld ist bitter,
aber ihre Frucht ist süss.

—

Patience is bitter,
but its fruit is sweet.

—

La patience est amère,
mais son fruit est doux.

—

忍耐は苦し、されどその実は甘し。
ジャン＝ジャック・ルソー

Jean-Jacques Rousseau

Büren, *Solothurn*

ソロトゥルン、ブューレン

Zeit spiegelt sich in Ewigkeit.

—

Time mirrors itself throughout eternity.

—

Le temps se reflète dans l'éternité.

—

時間は未来永劫、時そのものを映し出す。
ヘルマン・ヘッセ

Hermann Hesse

Zürich

チューリッヒ

Alles Grosse und Edle
ist einfacher Art.

—

Simplicity is at the heart of all
that is great or noble.

—

Tout ce qui est grand et noble
est toujours simple.

—

偉大さ、気高さの芯にあるものは簡潔さである。
ゴットフリート・ケラー

Gottfried Keller

Alp Pra Gra/Mont Collon, *Valais*

ヴァレー、アルプ・プラ・グラ／モンコロン

Die Welt ist so,
wie der Mensch sie macht.

—

The world is exactly
what one makes it.

—

Le monde est ce que
l'homme en fait.

—

一個人が創るもの、それを世界という。
フレドリック・デュレンマット

Friedrich Dürrenmatt

Romont, *Fribourg*

フリブール、ローモン

Der Tag kann eine Perle sein,
und ein Jahrhundert nichts.

—

A day can be a jewel
and a century nothing at all.

—

Le jour peut être une perle,
un siècle peut n'être rien du tout.

—

1日が非常に貴重で、100年が無であったりする。
ゴットフリート・ケラー

Gottfried Keller

Silvaplanersee, *Graubünden*

グラウブュンデン、シルヴァプラーナ湖

Auch der Träume Quelle ist versiegt.
Doch vertrau! Am Ende deines Weges wird
Heimat sein.

—

And the fountain of dreams has also
run dry. But have faith! Your homeland awaits
at the end of the road.

—

La source des rêves elle-même est tarie.
Mais garde confiance! Au bout de ta route,
tu trouveras ta patrie.

—

夢の泉も涸れてしまったが、信念は持ち続けている！祖国はいつでもそこ
にあるのだから。
ヘルマン・ヘッセ

Hermann Hesse

Bisisthal, *Schwyz*

シュヴィーツ、ビジスタール

Nur durch den Winter
wird der Lenz errungen.

—

Spring can only come
once winter is over.

—

Seul l'hiver permet
d'atteindre le printemps.

—

冬が去ってこそ春が来る。
ゴットフリート・ケラー

Gottfried Keller

Gruyères/Moléson, *Fribourg*

フリブール、グリュエール／モレゾン

Wo du Boden findest,
da streu auf den Boden was Gutes.

———

When you come across promising ground,
scatter something good upon it.

———

Là où tu trouves de la terre,
répand le bien sur cette terre.

———

確実だと確信したら、そこに有益な何かをちりばめよう。
ヨハン・カスパー・ラヴァター

Johann Kaspar Lavater

Ottenberg/Weinfelden, *Thurgau*

トゥールガウ、オッテンベルク／ヴァインフェルデン

Wer sich heute freuen kann,
der soll nicht warten bis morgen.

—

If you can be happy today,
why wait until tomorrow?

—

Si tu peux te réjouir aujourd'hui,
n'attends pas demain pour le faire.

—

今日幸せなら、なぜ明日まで待つ必要があろう。
ヨハン・ハインリッヒ・ペスタロッチ

Johann Heinrich Pestalozzi

Regensberg

レーゲンスベルク

Über allem wirklich Lebendigen
liegt ein Hauch von der Ewigkeit.

—

A breath of eternity floats
above all that is truly alive.

—

Au-dessus de tout ce qui est
vraiment vivant flotte un souffle d'éternité.

—

永遠の息吹は生き生きとしたものの上に存在する。
カール・グスタフ・ユング

Carl Gustav Jung

Bennau, *Schwyz*

シュヴィーツ、ベナウ

Wenn du es kannst,
so lasse ab vom Kleinen und
suche das Grosse.

—

If it is within your power,
abandon what is petty and
pursue what is great.

—

Si tu le peux,
oublie ce qui est petit
et cherche ce qui est grand.

—

できることなら、取るに足らないものは捨て、有益なもののみを追求せよ。
ゴットフリート・ケラー

Gottfried Keller

Matterhorn

マッターホルン

© Hans Buff + Co. AG, CH-Rheineck, Januar 2004
Druckvorstufe: RDV
Idee: B + Co., CH-9424 Rheineck
Redaktion: Christoph Bosshart, Isabel Kuhn
Druck: Rheintaler Druckerei und Verlag AG, CH-Berneck
Bindung: Buchbinderei Burkhardt AG, CH-Mönchaltorf
Printed in Switzerland
ISBN 3-7827-3960-4

Verlagsverzeichnis schickt gern:
Hans Buff + Co. AG, Langenhagstrasse 33, CH-9424 Rheineck
http://www.buff.ch